SIGONGJUNIOR

이 책의 그림들은 모두 디지털로 작업했습니다.

모든 레시피는 저자가 직접 만들고 즐기는 요리를 바탕으로 했습니다.

TASTY : A History of Yummy Experiments
Text, cover art and interior illustrations copyright
© 2023 by Victoria Grace Elliott
All rights reserved.
This Korean edition was published by SIGONGSA Co., Ltd.
in 2025 by arrangement with RH Graphic,
an imprint of Random House Children's Books,
a division of Penguin Random House LLC,
New York through KCC(Korea Copyright Center Inc.), Seoul.

이 책의 한국어판 저작권은 (주)한국저작권센터(KCC)를 통해
저작권자와 독점 계약한 (주)SIGONGSA에 있습니다. 저작권법에 의해
한국 내에서 보호받는 저작물이므로 무단 전재와 무단 복제를 금합니다.

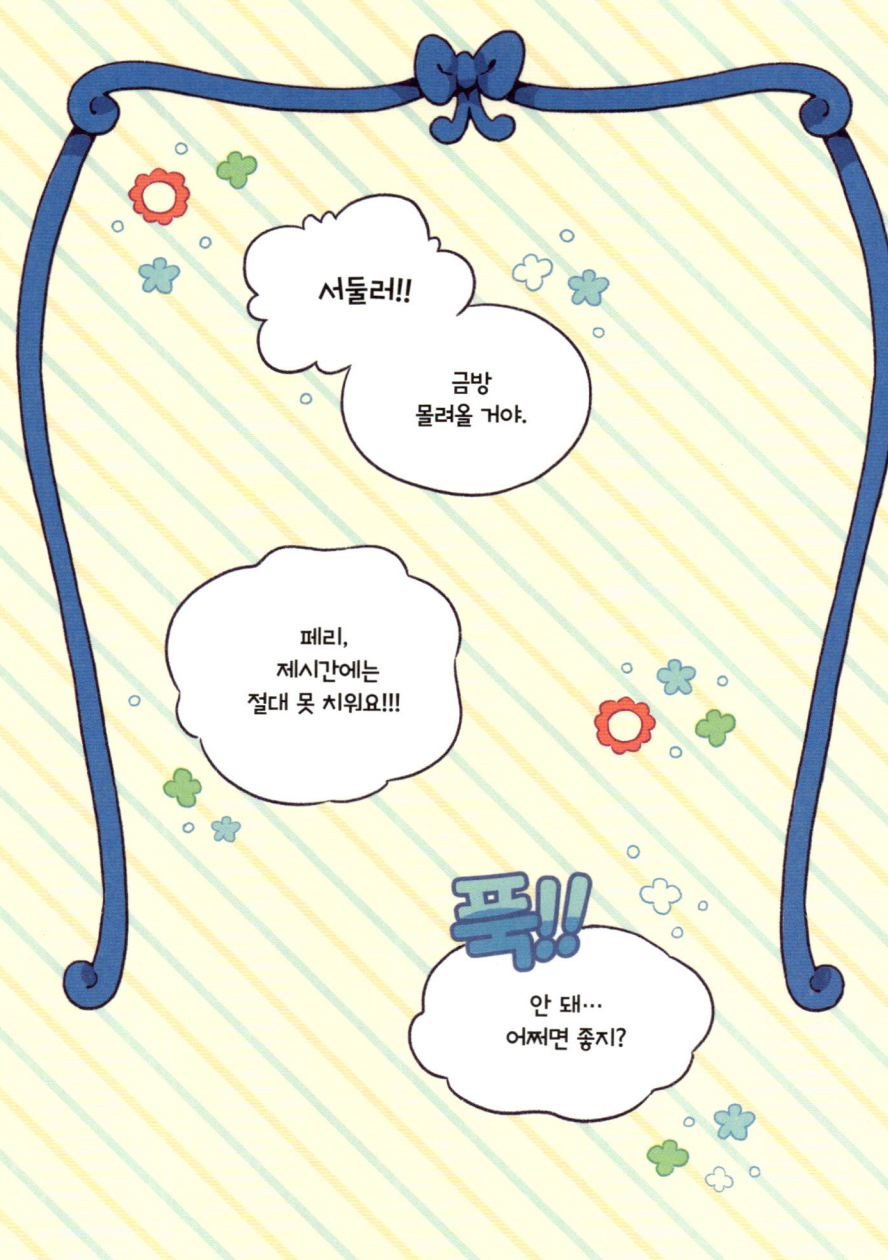

간추린 지도
치즈의 역사

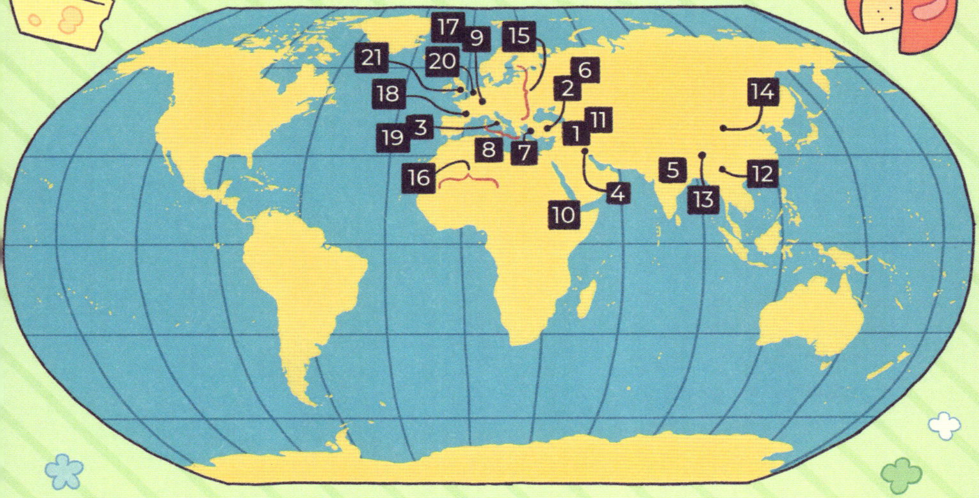

1. 비옥한 초승달 지대
2. 튀르키예의 쵀케렉(코티즈) 치즈
3. 이탈리아의 리코타 치즈
4. 이난나 여신의 치즈 사랑
5. 인도의 파니르 치즈
6. 히타이트 제국의 하드 치즈
7. 호메로스의 《오디세이》
8. 지중해의 페코리노와 카프리노 치즈
9. 로마 제국의 켈틱 바투시칸 치즈
10. 에티오피아의 아입 치즈
11. 중동, 아프리카의 아리쉬 치즈
12. 중국 윈난성의 루빙
13. 티베트의 하드 치즈
14. 몽골의 비아슬락
15. 신성 로마 제국의 브리 치즈
16. 서아프리카의 와가시 치즈
17. 스위스 그뤼에르와 스위스 치즈
18. 프랑스의 로크포르 치즈
19. 이탈리아 파마산과 모차렐라 치즈
20. 네덜란드 스파이스 치즈와 에담/고다 치즈
21. 영국의 체다 치즈

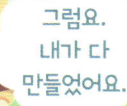

여왕님을 위한 피자를 만들라고? 여왕님께 피자를 바쳐 본 사람 있나?

프랑스 음식은 싫다고 하셨으니, 그건 빼야겠다.

꿀꺽

그래서 저는 황실만을 위한 피자를 준비했습니다.

피자1:
라드(고기 기름), 소프트 치즈, 바질

쓱쓱

흠. 괜찮아요. 먹을 만해.

여왕님을 꼭 감동시켜야 하는 건 아니지만… 내가 그러고 싶은걸.

피자2:
정어리를 소금과 같이 내기

간추린 지도
피클의 역사

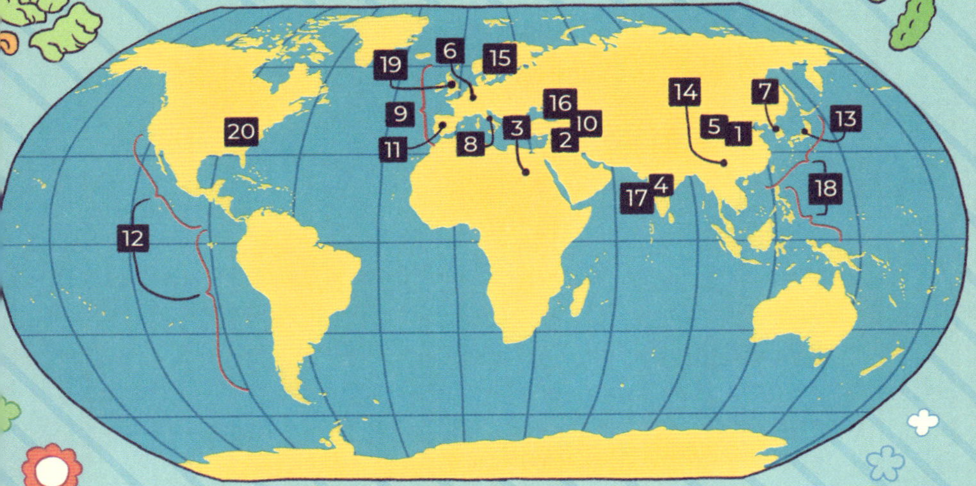

1. 《시경》에 기록된 절임 음식
2. 메소포타미아의 시쿠
3. 이집트의 절인 오리 고기
4. 인도의 아유르베다 피클
5. 중국의 양배추 피클
6. 유럽의 사우어크라우트
7. 한국의 김치
8. 로마의 올리브 절임
9. 《미슈나》에 기록된 피클
10. 페르시아, 아라비아의 시크바즈
11. 이베리아의 절임 가지
12. 아메리카의 세비체/살사/에스카베체/피코 데 가요
13. 일본의 우메보시/쓰케모노/누카즈케
14. 중국 윈난성의 짜이
15. 유럽의 청어 절임
16. 중동의 토르시
17. 남아시아의 아차르와 처트니
18. 동남아시아, 동아시아의 간장/된장/피시 소스
19. 영국의 처트니
20. 미국의 케첩

피클 만들기

준비할 재료

실험 정신을 발휘해서 재료를 다양하게 섞어 보세요. 맛이 훨씬 좋아질 거예요.

채소: 썰어서 2컵 분량
- 양파
- 당근
- 오이
- 무
- 콜리플라워

양념
- 깐 마늘
- 후추 1~2티스푼
- 고춧가루 1~2티스푼
- 썰어 놓은 할라피뇨
- 딜 2가지
- 회향씨 1~2티스푼

- 식초 1컵
- 물 1컵
- 설탕 1/2컵
- 소금 1/2컵 혹은 간장

- 도마와 칼
- 소스 냄비
- 밀봉할 수 있는 유리병 또는 유리 저장 용기
- 그릇
- 믹싱 스푼

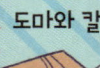

탄산수(소다)의 역사

간추린 지도

1. 고대 그리스의 의학자 히포크라테스
2. 이탈리아의 의학자 지아코모 드 돈디
3. 스위스, 독일의 미네랄 워터 실험
4. 영국의 과학자 윌리엄 브라운리그
5. 초기 탄산수 제조기
6. 페르시아의 샤르바트
7. 유럽의 스프리츠
8. 한여름 탄산수 전쟁
9. 로버트 맥케이 그린의 아이스크림 소다
10. 새로운 탄산수 실험
11. 필라델피아의 루트 비어
12. 애틀랜타의 코카-콜라
13. 노스캐롤라이나의 펩시-콜라
14. 텍사스의 닥터 페퍼
15. 세인트루이스의 세븐업
16. 윌리엄 페인터의 탄산수 병마개
17. 멕시코의 과일 맛 하리토스
18. 일본의 라무네

간추린 지도
간편 식품의 역사

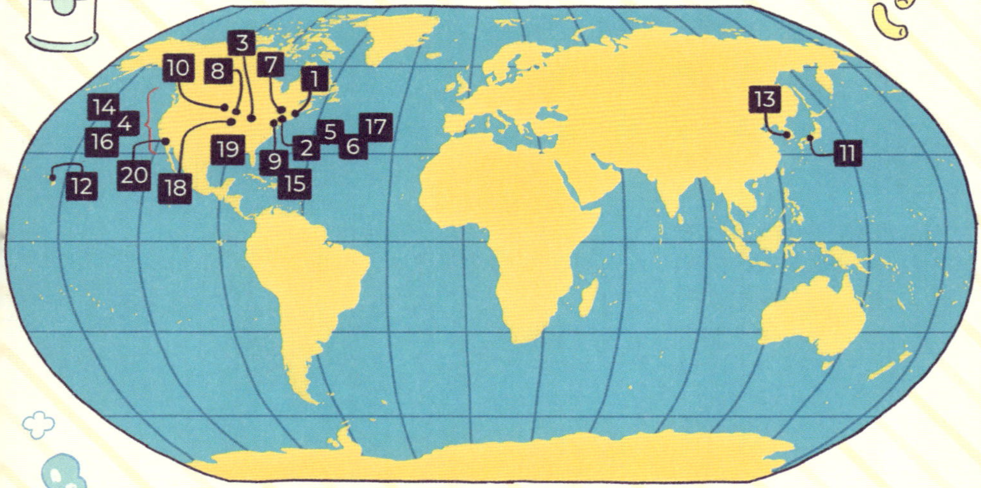

- 1 효율을 강조한 보스턴 요리 학교
- 2 로열 베이킹파우더 요리책
- 3 마리온 해리스 닐의 《크리스코 이야기》
- 4 미국의 통조림 식품
- 5 필라델피아 크림치즈
- 6 벨비타 치즈
- 7 제임스 헤밍스의 마카로니 파이
- 8 크래프트의 마카로니 앤드 치즈
- 9 캠벨의 농축 수프
- 10 호멜의 스팸
- 11 안도 모모후쿠의 인스턴트 라면
- 12 바버라 푸나무라의 스팸 무스비
- 13 한국의 소울 푸드 부대찌개
- 14 미국의 냉동 음식
- 15 도르카스 레일리의 그린 빈 캐서롤
- 16 미국의 케이크 믹스
- 17 프리다 드나이트의 《요리와의 데이트》
- 18 세인트루이스의 구이 버터케이크
- 19 미국 남부 암브로시아 샐러드
- 20 줄리아 차일드의 《프랑스 요리의 기술》

보스턴 요리 학교의 샐러드

보스턴 요리 학교가 발간하는 잡지에는 이런 형식의 레시피가 정말 많았습니다.

특히 샐러드를 가지런한 모양으로 만드는 걸 좋아했어요.

틀에 넣어 얼리고, 예쁜 모양으로 만들고, 색상을 맞추기도 했죠. 바로 이게 그들이 추구하는 이상이었어요.

골프 샐러드
달걀노른자, 크림치즈, 코티지 치즈

이건 좀 귀엽네.

고슴도치 샐러드
배 + 아몬드

샐러드 무스
과일, 마요네즈, 크림

저벅 저벅

내가?

...

안 될 거 없지!

모모후쿠는 몇 년 동안 생각만 하다가 10년 후 운명의 날을 맞이하게 되었어요.

아무튼

우리 회사는 파산했습니다.

직장을 잃게 된 거죠.

지금이 아니면 언제 하겠어?

그는 뒷마당에 작업실을 만들고 일을 시작했어요.

부대찌개

한국 1950~1960년대

부대찌개는 '미군 기지 스튜'라고도 해요. 미군 기지 근처 주민들은 햄과 채소, 두부, 김치 등 다양한 재료를 섞어 얼큰한 찌개를 만들었어요.

이 군침 도는 음식은 아직도 한국과 외국에서 소울 푸드로 여겨지고 있어요.

이런 유산을 보며 우리는 사람들의 음식 사랑과 응용력이 얼마나 대단한지 알 수 있어요. 아무리 고달픈 환경에서도요.

많은 간편 식품의 역사는 이렇게 복잡하답니다.

간편 식품은 요리를 쉽게 하고 이윤을 내기 위해 만들어졌어요.

하지만 언제나 사람들의 입맛과 문화가 중요한 역할을 했죠. 원하는 대로, 필요에 맞게 응용을 하니까요.

간추린 지도
젤라틴의 역사

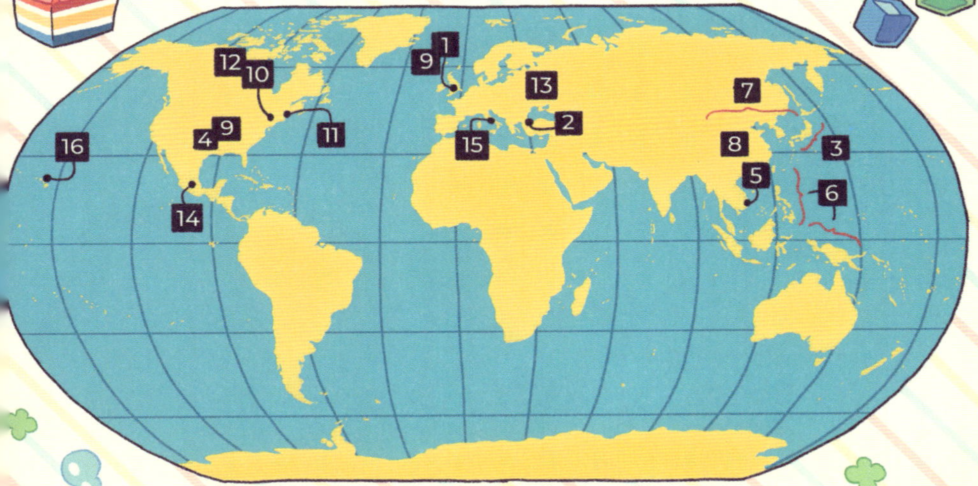

- 1 중세 영국의 《요리의 형태》
- 2 튀르키예의 로쿰
- 3 일본의 양갱
- 4 미국의 젤리 빈
- 5 베트남의 타익
- 6 동남아시아의 타피오카 펄
- 7 동아시아의 소꼬리탕
- 8 중국의 에지아오 케이크
- 9 시트와 가루로 된 젤라틴
- 10 뉴욕의 젤-오
- 11 J.E. 쿡 여사의 퍼펙션 샐러드
- 12 젤-오 요리책
- 13 동유럽의 콜로데츠
- 14 멕시코의 젤라티나 모자이크와 젤라티나 아티스티카
- 15 이탈리아의 판나 코타
- 16 하와이의 레인보우 젤-오

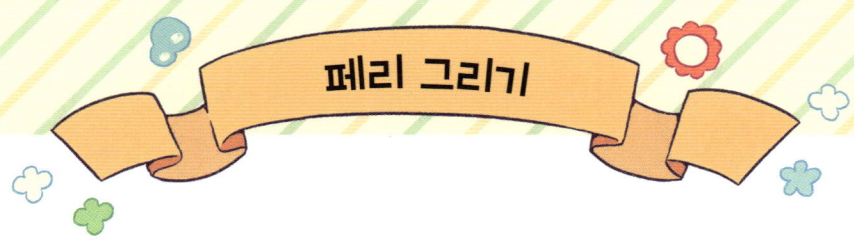

페리 그리기

① 동그라미를 그린다.

② 동그라미 세 개를 더 그린다.

③ 눈의 선을 그리고, 귀 하나와 입을 그리고, 원한다면 윙크하거나 웃는 얼굴로 그린다.

④ 머리에 둥그런 선을 더 그리고, 머리 위에 눈썹을 그린다. 안경 선을 하나 더 그린다.

⑤ 필요 없는 선을 지운다. 목을 그리고, 볼에 작은 점을 두 개 찍는다.

⑥ 타원형 몸통을 그린다.

⑦ 긴 타원의 팔과 다리를 그린다. 작은 날개를 그린다.

페리

좋아하는 치즈:
와가시 치즈

좋아하는 피클:
소스

좋아하는 간편 식품:
구이 버터케이크

피

좋아하는 치즈:
로크포르와 브리 치즈

좋아하는 피클:
오이 피클

좋아하는 간편 식품:
과일 젤라틴

메모와 감사의 말

전작 《달콤한 세상》에서처럼 음식에 담긴 정치적인 속성을 이해하면서 얼마나 많은 음식이 전쟁, 식민지, 제국주의, 노예 제도에 영향을 받았는지 알게 되었습니다. 이 책은 전쟁, 인종주의, 제국주의 같은 주제를 함께 다루고 있으며, 이 중 어떤 것도 특정 음식의 탄생이나 전파를 정당화할 수는 없다고 생각합니다. 언제나 그랬듯이 우리는 역사를 인정하고 존중해야 합니다. 음식의 역사는 궁극적으로 인간의 역사니까요.

이 책은 텍사스 오스틴, 다시 말해 주마노스, 톤카와, 누무누, 사나 부족이 살던 땅 위에서 쓰고 그렸다는 사실을 기억하려고 합니다. 이들이 이 아름다운 땅의 원래 주인이며 저는 이곳에서 감사한 마음으로 살고 있습니다.

이 책의 독자 여러분께 감사합니다! 혹시 디저트의 역사에 대해 알고 싶다면 《달콤한 세상》을 읽어 주세요. 그 책을 재미있게 읽었다면 《맛있는 세상》 또한 즐겁게 읽을 수 있을 거예요.

《맛있는 세상》은 이 책에 등장한 음식의 기본적인 소개라고 할 수 있습니다. 피클이나 치즈처럼 역사가 굉장히 오래된 음식에 관해서는 우리가 아직 모르는 내용과 더 알아야 할 것들이 많습니다. 역사에 대한 이해 또한 점점 다른 관점으로 바뀌기도 해요. 여러분 또한 언제나 열린 마음으로 역사와 좋아하는 음식에 대해 배우길 바랍니다.

휘트니 레오파드, 대니 디아즈, 패트릭 크로티에게 감사드리고 이 책을 현실로 만들어 준 스티븐 살피터에게 감사드립니다. 음식의 역사를 책으로 엮어 더 많은 사람과 나눌 수 있게 되어 영광입니다. 이들의 도움이 없었다면 이 책은 세상에 나오지 못했을 거예요. 나의 사랑하는 파트너 세르지오에게도 감사를 전합니다. 언제나 책을 먼저 읽고 좋은 제안을 해 주었으며 저와 함께 음식의 역사를 공부해 주었습니다.

이 책은 코로나 팬데믹 기간에 썼기에 친구나 사랑하는 사람들과 자주 만나 함께 음식을 먹을 수는 없었습니다. 대면으로 만나진 못했지만 그럼에도 함께 시간을 보낼 수 있는 방법을 찾아낸 이들에게 감사를 전합니다.

작가에 대하여

빅토리아 그레이스 엘리엇
텍사스 오스틴에 사는 만화가입니다. 디저트를 사랑하고
(먹는 것도, 보는 것도, 만드는 것도, 배우는 것도 모두 사랑해요),
드라마 보기와 노래방 가기를 좋아한답니다.

옮김 노지양
연세대학교 영어영문학과를 졸업하고 방송 작가로 활동하다 번역가로 일하고 있습니다. 《달콤한 세상》, 《동의》, 《메리는 입고 싶은 옷을 입어요》, 《내 그림자는 핑크》, 《나쁜 페미니스트》 등 어른과 어린이를 위한 책 100여 권을 우리말로 옮겼습니다. 에세이 《먹고사는 게 전부가 아닌 날도 있어서》, 《오늘의 리듬》, 《우리는 아름답게 어긋나지》(공저)를 썼습니다. 늘 새롭게 배우는 것들이 있어서 번역하는 일이 즐겁습니다.

맛있는 세상_냠냠, 음식의 역사

초판 1쇄 인쇄일 2025년 6월 10일
초판 1쇄 발행일 2025년 6월 20일

글·그림 빅토리아 그레이스 엘리엇
옮김 노지양

발행인 조윤성
편집 강유정 **디자인** 김영중 **마케팅** 이종호
발행처 ㈜SIGONGSA **주소** 서울시 성동구 광나루로 172 린하우스 4층 (우편번호 04791)
대표전화 02-3486-6877 **팩스(주문)** 02-598-4245
홈페이지 www.sigongsa.com / www.sigongjunior.com

ISBN 979-11-7125-830-7 73900

*SIGONGSA는 시공간을 넘는 무한한 콘텐츠 세상을 만듭니다.
*SIGONGSA는 더 나은 내일을 함께 만들 여러분의 소중한 의견을 기다립니다.
*잘못 만들어진 책은 구입하신 곳에서 바꾸어 드립니다.

KC마크는 이 제품이 공통안전기준에 적합하였음을 의미합니다.
제조국 : 대한민국 사용 연령 : 8세 이상
책장에 손이 베이지 않게, 모서리에 다치지 않게 주의하세요.

WEPUB 원스톱 출판 투고 플랫폼 '위펍' _wepub.kr
위펍은 다양한 콘텐츠 발굴과 확장의 기회를 높여주는
SIGONGSA의 출판IP 투고·매칭 플랫폼입니다.

SIGONGJUNIOR 도서목록을 만나 보세요.